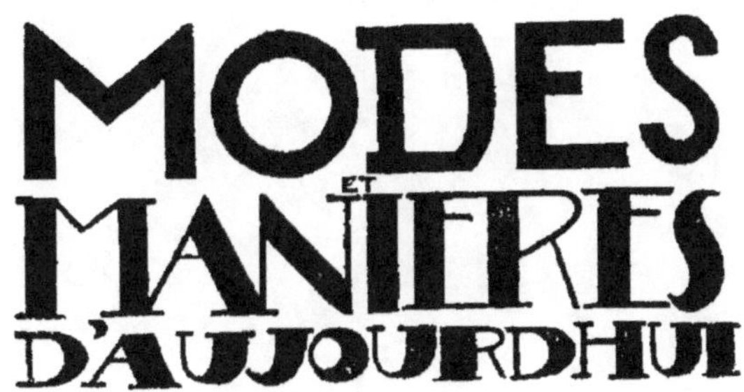

DIXIEME ANNEE

1922

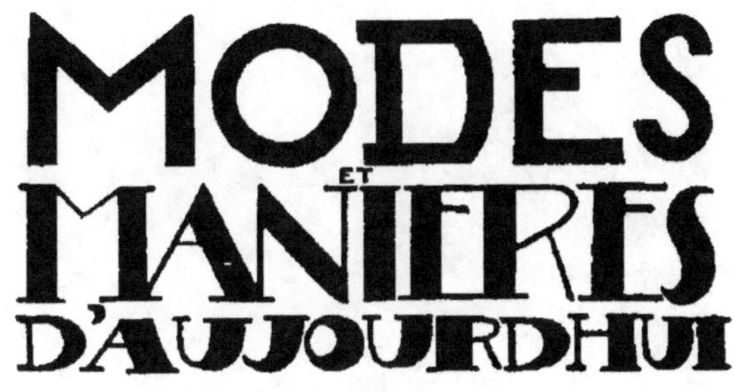

DIXIEME ANNEE

1922

COLLECTION PIERRE CORRARD

BOIS ORIGINAUX DE F. SIMÉON

TEXTE PAR PAUL VALERY

1922

CET OUVRAGE A ÉTÉ TIRÉ A TROIS CENTS EXEMPLAIRES :

Douze exemplaires réimposés, sur grand papier du Japon, provenant des Manufactures de Shidzuoka, dédicacés, comprenant chacun un des originaux ayant servi a l'illustration de l'ouvrage, et une suite des bois en deux tons, numérotés de un a douze.

Dix-sept exemplaires, sur papier vélin de cuve, dédicacés, avec remarques originales, numérotés de treize a vingt-neuf.

Deux cent soixante et onze exemplaires sur le même papier, numérotés de trente a trois cents.

JUSTIFICATION DU TIRAGE :

Exemplaire N° 54

TEXTE PAR

PAUL VALERY

LA JEUNE MÈRE

Cette après-midi de la plus belle saison est aussi pleine qu'une orange dont la maturité se prononce.

Le jardin dans son entière vigueur, la lumière, la vie, traversent lentement l'époque de la perfection de leur nature. On dirait que toutes choses, depuis l'origine, n'ont fait que mûrir cet éclat de quelques instants. Le bonheur est visible comme le soleil.

La jeune mère respire le plus pur de sa même substance dans les joues du petit enfant qu'elle tient. Elle le serre contre soi, pour qu'il demeure toujours elle-même.

Elle étreint celui qu'elle fit. Elle oublie et se réjouit de s'être donnée, puisqu'elle se reprend et se retrouve indéfiniment par le tendre contact de cette chair dont la fraîcheur l'enivre. Et vainement ses belles mains pressent le fruit qu'elle a formé, elle se sent toute pure, et comme une vierge comblée.

Ses yeux distraits caressent les feuillages, les fleurs, et le splendide ensemble du monde.

Elle est comme un Philosophe et un Sage naturel qui a trouvé son idée, et qui s'est construit ce qu'il lui fallait.

Elle doute si le centre de l'univers est dans son cœur, ou dans ce petit cœur qui bat entre ses bras, et qui fait vivre à son tour toutes choses.

PIANO ET CHANT

La voix vivante se marie étrangement à la voix abstraite du piano. Le souffle de la rousse, les mains de la châtaine, excitent le temps et la matière.

La chambre vibre. Les murs chantent. La substance de l'air, attaquée par une fraîche et forte gorge, entièrement émue par ces milliers de chocs cristallins, et par ces ébranlements volumineux que les cordes d'acier frappées lui communiquent devient le lieu de transformations admirables. Mon âme tendue reçoit successivement toutes les figures qu'une âme agitée par la vie est capable de former d'elle-même.

Je frémis. Je sens une force inconnue. Je subis la mélancolie et les déchirements de la tendresse dans la solitude. Écoute encore. Reconnais les formules de l'attente, et considère comme l'angoisse est bien présentée maintenant !

Ce point d'orgue touche aux secrets mêmes de ton être. Ce mouvement est un sommeil dans la forêt. Cet accord surprenant prophétise toute une philosophie, qui jamais ne sera pensée.

Un amour infini passe comme une feuille en tournoyant...

— Quelle voix, mon enfant ! — Vous accompagnez à merveille, mademoiselle !

·

Toutes mes puissances se retrouvent sur la terre. Elles se sentent lourdes et maladroites. Et la parole a honte.

DANSE

Pourquoi toute la vie n'est-elle pas une incessante Danse ? Et comment pouvons-nous agir sans une perpétuelle harmonie entre nos actes et leur durée ? — Ne sommes-nous point une chaîne de nos figures successives, et qui se dégagent l'une de l'autre, et qui se répondent comme elles s'opposent ?

Ne pensez-vous pas que toute chose qui ne peut s'accomplir en dansant, appartienne au genre le plus vil de nos actions ?

Si toute l'existence était soumise à la règle noble et souple des ballets ?... Imaginez ceci. Mangez, parlez, marchez, respirez en cadence.

A peine la musique nous soulève, nous obéissons à un autre monde.

Donnez-moi votre main. Entrons dans le temple de nos actes. Entrons en mesure dans l'énergie, et vivons cette nuit comme des dieux !

— Il se fait tard, dites-vous ? — Il est vrai, et la nuit peu à peu se dépouille de tous ces corps dansants accablés de fatigue. Ils s'évanouissent comme les étoiles.

Mais nous, il faut consumer encore ce reste de vigueur dans ce mouvement qui ne nous transporte qu'à l'aurore, ayant foulé toutes les heures de l'amour...

AMAZONE

Ma jument, ma belle jument, nous irons en forêt ne penser qu'à nous-mêmes!

L'air vif, les ombres, les arbres, les écarts, les mouvements de ton mouvement, — les fantômes que le galop furieusement arrache aux ramures, et qu'il rejette à rien derrière soi, — les profonds paysages qu'entr'ouvre et que referme ta course, — et cette étrange transparence tournante des futaies aux colonnes innombrables, quand on les traverse vitement, — que tout cela nous fasse un rêve et une absence éperdue!

Que ton corps emporte mon corps! Je suis belle comme tu es belle! Tu es mienne et je suis tienne!... Allons, hop!

Laisse encore que j'assure mon chapeau, que je fixe à mon sein cette rose rouge et solide, et que je prenne du valet cete cravache déliée.

Elle n'est point pour toi, bête blonde! Elle est pour ces jeunes hommes qui n'osent badiner avec l'amour!

AUX COURSES

ELIXIR paraît. Il s'entoure aussitôt de milliers d'images de lui-même. Il occupe cent mille âmes. Chacune le voit vainqueur et vaincu.

Ses pas dans l'herbe pure se sentent de l'importance qu'on lui imprime. Il sait bien qu'il va falloir se consumer presque entièrement. Il brillera dans quelques instants, pour quelques instants, sur tous les chevaux de ce monde. Il aura cinq minutes à soutenir dans l'impossible de sa puissance. Rien n'existe au delà de ce feu. Il n'y a point d'avenir.

Les oreilles, les naseaux d'*Elixir* pressentent le signal. Toute sa peau est infiniment éveillée. Il prend encore de l'air, profondément : comme s'il aspirait une âme beaucoup plus grande, capable d'une éternité d'énergie. Tout son sang noble et sans mélange l'emplit d'espérance et d'orgueil.

Sa race, sa forme étrangement affilée, sa robe qui n'est que de frissonnements et de soleil, le font un monstre d'élégance et d'éclat.

Irène portant son fard, ses yeux clairs, et ses perles, ne saurait lutter de beauté avec l'écumant favori. Je ne parie point pour elle.

Quelle bête éblouissante ! Sur ses canons dorés, il tremble de vigueur et de présence. Son cœur est déjà parti.

LA CHASSERESSE

La chasseresse est lasse.

Tout à coup, il faut s'appuyer à un tronc d'arbre; il faut *penser*.

La fatigue embrouille et brise la course. Le corps commande, et le but s'évanouit. La jeune femme rouge et rompue se refuse à poursuivre une proie; tout le mouvement qu'elle s'était donné, voici qu'il se change en choses passées, en choses futures.

Impuissante qu'elle est maintenant, le cerf vient la regarder et la plaindre. Il tend son humide museau vers le sein que l'âme soulève.

Toute la fable peu à peu se rapproche curieusement de la chasseresse harassée; descend des branches et des nues, se risque doucement hors des gîtes. L'un flaire les houseaux, l'autre lèche les mains de cette mortelle si lasse qui cède à l'infinité de la forêt. On peut becqueter ses oreilles.

Toute la fable et toute l'enfance rassurées se rapprochent et se mélangent, à la faveur des ombres et des carrefours de ce repos mystérieux, en qui se confondent la fatigue, les souvenirs, et la rumeur profonde et vague de la vie ou de la forêt.

L'HOMME VOLANT

Ce qui lui est impossible; qui lui est interdit par sa nature, cela est une tentation perpétuelle pour l'homme. Il ne peut rien concevoir de pire que de vivre comme lui-même. C'est pourquoi il envie les poissons d'être si libres dans leurs jeux avec la mer, et de s'amuser de sa profondeur, aussi aisément qu'ils se dépensent à la surface.

Nous sommes bien plus jaloux encore des êtres qui se meuvent dans les airs, où ils nous semblent si heureux. Leur nécessité est notre caprice. Le mode obligatoire de leur vie est le type même de nos rêves.

Nous avons donc fini par faire ce qu'il fallait pour être semblables à ces animaux volants. Nous avons fait des machines de bois et de toile; nous leur attachons un jet d'air qui les chasse vers le haut ciel, et nous attaquons jusqu'à l'atmosphère la plus rare, au-dessus de tous les nuages. La mort vole avec nous. Elle nous suit dans le soleil, passe les bras de mer, et traverse la carte. Elle regarde Paris comme un crachat. Mais si orgueilleuse soit-elle, et si enivrée de ses grandes chances, elle est bien peu de chose auprès de cet homme qui vole, et qui la considère comme rien.

Ce mépris est le vrai secret de son mouvement.

INTÉRIEUR

Irène est assez pauvre pour qu'elle voie les murs à travers ses minces pensées. L'esprit de cette dame n'a pas de quoi vêtir les alentours de sa personne.

Ses trente-deux millions sont obligés de la secourir. Ils courent chez les marchands. Ils se changent en laques, et en boiseries précieuses. Toute la Chine et les sacristies sont appelées. Voici Venise et Versailles ; Beauvais, Smyrne, la Perse et le Coromandel. Rien n'est trop beau pour cacher à l'âme d'Irène l'image de son néant. Il faut que l'univers l'environne de ce qu'on fit de plus délicieux, et que les créatures de l'art obéissent à l'injonction de l'inépuisable crédit de son compte.

Un homme est son voisin, de qui les regards n'ont besoin que d'un tuyau de cheminée. Ou bien il fixe le vide sur son papier ; ou un point imaginaire dans l'espace.

LA PARURE

Il faut pour, une femme achevée, qu'elle ait été capable de séduire, de s'éprendre, et de produire. Ces trois puissances lui apportent sa perfection.

C'est le corps de la femme qui fait le nœud de sa destinée. Cette chair qui se doit d'être émouvante, d'être émue, et d'être féconde, presque toujours a besoin de l'esprit pour y parvenir. La nature qui compose cette chair ne la forme pas toujours aussi désirable qu'il le faudrait.

La coutume, d'ailleurs, et le climat, la veulent voilée et enveloppée. L'instinct s'en irrite. L'esprit s'en mêle. L'art paraît.

De tous ces vêtements qui nous offusquent ce corps dont la douceur est si importante, l'art s'essaye de faire des moyens très insidieux de la politique du nu.

Par la draperie, par la délicatesse des tissus, et par les charmes des lignes ; par le jeu subtil de ce qu'on abandonne aux regards et de ce qu'on leur refuse, un corps, qui est, après tout, chose si simple et si claire, devient un objet métaphysique. Notre déraison calcule ainsi : Tout ce qui a du prix, se cache, donc ce qui se cache est précieux.

Femmes, femmes, il faut plaire ! Si vous nous déplaisiez, le monde périrait.

L'ATTENTAT

Il nous faut de l'argent. Nous l'irons prendre où il se trouve. Nous n'aimons le travail ni l'incertitude. Nous ne sommes laborieux ni joueurs. Nous achèterons des pistolets et des masques de soie fine. Un bas de femme fera l'affaire. Nous irons au bois combiner la chose ; au café, étudier l'indicateur des chemins de fer. Nous prendrons ce beau train de nuit. Il est plein de riches, et qui dorment. Nous savons qu'à tel point de sa route il doit ralentir son allure. Nous mettrons là nos amis avec la voiture qu'ils auront volée. Nous attendrons. Tu quitteras ta place à l'heure marquée par les autres circonstances. Je me tiendrai dans le passage, huit coups dans chaque main. Tu feras brusquement la lumière. Tu feras brusquement la grande entrée qui bloque les cœurs et les membres. Il ne faudra tuer que les courageux...

— Il y a bien des calculs et des risques dans cette affaire. Il y a des misérables qui n'abandonnent aux camarades que des portefeuilles fallacieux. On n'a pas le temps de compter. Il y a aussi les roues épouvantables du train que l'on fuit. Il y a les battues dans la campagne, et les fils où l'on se prend dans les ténèbres. Au petit jour, il y a une cigarette qui tombe morte des lèvres, et un homme comme tous les autres, dont le doigt pèse déjà sur un crochet de sonnette...

BRIC-A-BRAC

Un buste. Un lit de fer. Un abat-jour, une « Géométrie ». Tous les objets que l'homme a pu se donner pour son usage, lui sont enfin repris par le mouvement de ce monde.

L'on s'en dégoûte; ou l'on meurt; ou l'on s'appauvrit. Parfois c'est la richesse qui survient, et qui nous dépouille des choses qui nous servaient, et qui ne seraient plus assez belles.

L'heure sonne toujours du brocanteur. L'heure aux mille chemins vient toujours pour les malheureux ustensiles. Voici que les meubles sont sans patrie, les bibelots sont orphelins, les tristes livres ont perdu leur âme.

Ils tomberont dans le désordre. Ils voisineront sans se reconnaître.

Ils ne sont plus utiles, ni agréables, ni protégés par des pénates bien définis. Il en résulte de grands opprobres : une pendule est dans une cuvette. Le bidet se regarde au miroir.

Pauvres choses! Il en est qui restent deux mois dans ces enfers. D'autres y sont pour un demi-siècle.

Mais il arrive toujours qu'enfin l'amateur se présente. Même ce pot fêlé n'est pas sans quelque chance de résurrection. Les idées ont changé, et il ira peut-être au Louvre.

L'ÉCRAN

Sur la toile tendue, sur le plan toujours pur où la vie, ni le sang même, ne laissent point de traces, les événements les plus complexes se reproduisent autant de fois que l'on veut.

Les actions sont hâtées, ou sont ralenties. L'ordre des faits peut être renversé. Les morts revivent et rient.

Chacun voit de ses yeux que tout ce qui est, est superficiel.

Tout ce qui fut lumière est extrait du temps ordinaire. Cela devient et redevient au milieu des ténèbres. On voit toute la précision du réel revêtir tous les attributs du rêve.

C'est un *rêve* artificiel. C'est aussi une *mémoire* extérieure, et douée d'une perfection mécanique. Enfin par le moyen des arrêts et des grossissements, l'*attention* elle-même est figurée.

Mon âme est divisée par ces prestiges.

Elle vit sur la toile toute-puissante et mouvementée ; elle participe aux passions des fantômes qui s'y produisent. Elle s'imprègne de leurs manières : comment on sourit, comment on déclare son amour ; comment on franchit un mur ; comment on tue ; comment on réfléchit visiblement...

Mais l'autre effet de ces images est plus étrange. Cette facilité critique la vie. Que valent désormais ces actions et ces émotions dont je vois trop les échanges, et la monotone diversité ? — Je n'ai plus envie de vivre, car ce n'est plus que *ressembler*. Je sais l'avenir *par cœur*.

BOIS ORIGINAUX

PAR

FERNAND SIMÉON

LA JEUNE MÈRE

PIANO ET CHANT

DANSE

AMAZONE

AUX COURSES

LA CHASSERESSE

L'HOMME VOLANT

INTÉRIEUR

LA PARURE

L'ATTENTAT

BRIC-A-BRAC

L'ÉCRAN

ACHEVÉ D'IMPRIMER LE 31 JANVIER 1923,
POUR LES BOIS, PAR JACQUES BELTRAND, A PARIS,
ET POUR LE TEXTE
PAR COULOUMA, A ARGENTEUIL, H. BARTHÉLEMY, DIRECTEUR,
SOUS LA DIRECTION DE MADAME NICOLE PIERRE CORRARD
ET
JULES MEYNIAL, LIBRAIRE.

www.ingramcontent.com/pod-product-compliance
Lightning Source LLC
LaVergne TN
LVHW011956160826
845678LV00002B/572
* 9 7 8 2 3 2 9 6 9 5 2 4 2 *